SILHOUETTES HAVRAISES

LE

PORTRAIT

DE

L'ABBÉ HERVAL

PRIX :

50 Centimes

HAVRE

IMPRIMERIE ALBERT MIGNOT

Rue de l'Hôpital, 16.

SILHOUETTES HAVRAISES

LE
PORTRAIT
DE
L'ABBÉ HERVAL

MESSIEURS, (1)

Si je vous disais que, par son effort personnel, sans un sou de fortune, un homme a exercé au Havre pendant un demi-siècle, une influence égale à celle de plusieurs œuvres chrétiennes réunies, de prime saut, vous seriez en droit de mettre en doute une assertion aussi invraisemblable.

Cependant, Messieurs, pour vous la faire accepter, il me suffira de prononcer un nom, présent à vos souvenirs et vivant dans vos cœurs.

Vaincus, vous vous rangerez à mon avis. Aucune objection ne s'élèvera dans vos esprits et vous reconnaîtrez, tous, le bien-fondé de mon dire.

Oui, Messieurs, à lui seul, l'abbé Herval a été, tout à la fois, un Patronage, un Cercle Catholique d'ouvriers, une société Saint-Regis et un Bureau de Bienfaisance ambulant ! Il a connu toutes les économies de la charité.

Quarante-six ans, l'enfant, la femme, l'ouvrier sans travail, le malade et le moribond l'appellent leur « Père ».

Quarante-six ans, il attire, console, bénit, apaise l'humanité qui souffre, et je ne crois pas commettre une

---

(1) Cette conférence a été faite au Cercle catholique d'ouvriers de la rue des Gobelins, après celle qui a été consacrée à la biographie du sauveteur **DURÉCU**. — L'accueil, bienveillant et sympathique, dont sa première étude a été l'objet de la part du public havrais, a engagé l'auteur à publier ce nouveau petit travail, pour lequel il réclame toute l'indulgence du lecteur.

hyperbole en le décorant, au cri de la conscience publique elle-même, du glorieux titre de « Saint-Vincent-de-Paul du Havre ! »

L'abbé Herval, c'est mieux qu'un homme ; c'est la Charité qui s'incarne et qui marche. Son sourire ensoleille ; son regard réchauffe et sa parole émeut.

Avant la fondation de cette remarquable institution, l'abbé Herval fut le vrai Patronage des enfants de la classe ouvrière Tous le connaissaient ; tous allaient à lui. Les bambins eux-mêres courent à sa rencontre, comme jadis ceux de Samarie sur la trace de son maître Jésus, semblables à des milliers d'oiseaux cherchant la becquetée évangélique sur son passage.

Le Père Herval — je dis le Père. messieurs, pour parler le langage de votre reconnaissa ce — le Père H rval donc, place et surveille 'es apprentis. Il multiplie les démarches près des patrons. En toute espèce de circonstance, son concours est acquis à ses petits protégés.

Mais l'apprenti devient un homme. Le digne abbé est encore là. Il se transforme, sans changer de figure : ce qui eût été vraimen' regrett ble. La sienne était si bonne !

Oui. le Père Herval, non conten' d'être un Patronage, est encore un Cercle catholique d'ouvriers à lui tout seul. Tous il vous porte dans son cœur et vous le lui rendez bien, puisqu' l tient une si grande place dans le vôtre. Vous n'avez pas oublié co ment à chaque instant, en pleine rue, il vous ouvrait les deux portes de ce Cercle ; je veux dire l'entrée même de son âme !

Il converse avec vous et vous conversez avec lui tous les jours, sur la place publique, au coin de chaque rue.

Pardonnez-moi ce vilain jeu de mots : Le Père Herval fut un Cercle catholique ouvrier qui *roulait* toujours !

Pour vous évangelise, le bon abbé n'en disait pas bien long. Une accolade lui servait de préface ; et un sourire, de conclusion.

Comme on l'a dit éloquemment, le Père Herval mettait tou' son cœur en poignées de main.

Vos revers, vos peines, vos douleurs, il connaissait tout cela. La franchise de ses allures vous inspirait vite confiance et si Dieu ne l'avait, depuis trois ans, rappelé à lui, c'est sa parole aimée, mieux que tout autre discours laïque, qui, chaque dimanche, vous aurait groupés ici.

L'abbé Herval aurait été votre conférencier à poste fixe, vous n'en auriez jamais voulu d'autre.

Sans blesser votre digne aumônier, trop avancé dans la grâce pour subir l'atteinte de l'amour-propre, j'oserai même dire que, au besoin, le Père Herval eût été pour lui un auxiliaire précieux et si, par humilité à son tour, l'abbé Herval avait refusé la présidence de vos réunions, vous l'eussiez porté sur vos robustes épaules jusqu'à ce bureau même !

L'abbé Herval fut une société Saint-Regis. Que de ménages comme... il n'en faudrait point, lui doivent le bienfait de leur réhabilitation.

Par moments, son confessionnal ressemblait à une étude de notaire. Il était encombré de contrats. Quant à ses honoraires, le Père Herval n'en réclamait jamais. et il y a lieu de croire que, sur le grand Livre de la Dette publique de la-Haut, ses actions valent mieux que ne valent ici-bas celles de l'emprunt ottoman ou du futur chemin de fer de Rouelles par le tunnel de la côte.

Tous les capitalistes du Paradis doivent en vouloir.

Bureau de Bienfaisance ambulant, l'abbé Herval donne partout et toujours.

Napoléon Iᵉʳ prenait son tabac à priser à pleine poche pour s'éviter l'ennui d'ouvrir et de refermer une tabatière.

Notre vénéré Père des pauvres, lui, puise à pleines mains dans les poches de sa soutane. A quoi bon une bourse ? il en aurait constamment rompu les cordons ; pourquoi un porte-monnaie? il en eût brisé la fermeture en ving -quatre heures. Mais il n'avait pas dans ses poches que des sous et des pièces blanches. Si son confessionnal ressemblait à un cabinet d'affaires, le fond des dites poches avait tout l'air d'un bazar à treize ou à vingt-cinq. On y trouvait des billes pour les petits garçons ; des poupées ou des images pour les petites filles ; des raisins de Corinthe et du sucre d'orge pour les bébés de tout sexe.

Ainsi que je l'ai déjà constaté, en 1872, dans une petite brochure, de l'Eglise Notre-Dame au Jardin Public, le Père Herval recevait, donnait ou échangeait, sans exagération, cent coups de chapeau.

Aussi, au grand désespoir de son chapelier, le seul homme qu'il ait sérieusement contristé en ce monde, marchait-il, par économie, presque toujours nu-tête.

Chacun se faisait une joie, un bonheur de le saluer.

Dans tous les partis, il comptait des amis également avides de se chauffer à ce soleil du cœur qui rayonnait de toute sa personne. Son sourire était en quelque sorte une bénédiction, un bon présage. Il y avait autour de lui une suave atmosphère de bienveillance. On se sentait meilleur, plus frais, plus dispos si l'on avait rencontré l'abbé Herval. Il semblait qu'on eût alors quelque chose de plus blanc dans l'âme.

L'empressement avec lequel on l'entourait devenait même parfois gênant pour lui. Un jour il reçoit un mot de lettre ainsi conçu :

« Monsieur l'abbé.

» Vous portez bonheur à tout. Voulez-vous venir
» inaugurer mon établissement ; j'ouvre un... grand Café
» sur la place du Théâtre... Vous êtes trop bon pour me
» refuser. Vous ne resterez qu'une minute. Il me faut
» votre bénédiction à tout prix. »

Vous jugez si le cas était embarrassant. L'abbé s'en tira avec esprit. Il ne pouvait, quelque fût sa complaisance, aller au café seul et encore moins en compagnie. Il y entraîna le sous-préfet. On inaugura solennellement le grand café par un discours et, quinze ans après, le maître de la maison se retirait avec 25,000 livres de rentes.

La bénédiction du Père Herval avait porté fruit !

N'allez pas croire toutefois, que le brave homme courût après la popularité. C'était la popularité qui courait après lui en ne voulant jamais lâcher la queue de sa soutane.

Il n'y avait aucune recherche dans ses manières. Jamais il ne visait à l'effet. Mais, malgré lui, l'effet se produisit toujours. Le flambeau est-il distinct du rayonnement qu'il occasionne ?

Or, le flambeau de l'abbé Herval, ce fut sa charité. Elle éclaire tout ce qui, même un seul instant, s'approche de lui.

MESSIEURS,

Qu'est-ce donc que la Charité ? — La Charité, c'est l'amour, *caritas est amor*, l'amour avec ses plus chastes effluves, absolument dégagé des sens et puisant ses sèves vitales en Dieu pour attirer l'homme vers Dieu !

Voilà, en deux mots, la Charité.

On peut être bienfaisant sans être charitable.

« La Charité, dit M. Rastoul, un de nos publicistes
« catholiques les plus distingués, la Charité a sa source en
» Dieu. Autrement, c'est de la philantropie et, tout au
» plus, de la générosité. »

Nous sommes donc, Messieurs, bien d'accord sur l'origine de toutes les bonnes pensées de notre héros. L'attraction magnétique, ou plutôt le courant spirituel qui porte notre cœur vers le sien nous est expliqué : il aimait Dieu !

Vous m'objecterez que d'autres grandes âmes, également pétries de l'amour divin, n'ont point imprimé, de la même façon, leur marque sur l'humanité.

Ainsi, le saint curé d'Ars, la plus haute figure mystique du XIX° siècle, le curé d'Ars, qui, lui aussi, convertit des pécheurs par centaines, n'a rien de la souriante bonhomie du Père Herval.

La Charité de celui-ci est aimable et gaie ; celle de celui-là est douce, calme et presque mélancolique.

Mais l'arbre générateur est toujours le même et cette diversité n'est due qu'au tempérament moral individuel, c'est-à-dire au moule dans lequel la Charité incruste ses deux exemplaires.

On peut dire du curé d'Ars et de l'abbé Herval, ce que Mgr Dupanloup dit de l'homme et de la femme : « Ils sont différemment semblables. »

En somme, Messieurs, la Charité, dans toute la précision chrétienne du terme, c'est l'alpha et l'oméga, la cause et le produit, du Beau et du Bien sur la terre.

Tous les athlètes de Dieu sont des hommes de Charité. L'un combat avec son sang ; l'autre avec ses larmes ; un troisième, avec sa gaîté et sa franche humeur ; mais tous luttent sous le même drapeau !

Malgré sa jovialité de bon aloi et ses façons rondes, le Père ne laissa pas toutefois de porter sur les nerfs à quelques grincheux.

Laissez-moi vous raconter une petite anecdote.

Un jour l'abbé Herval se promenait sur la jetée.

— Ah bon ! fait une voix rauque, v'là un jésuite qui passe.

— Toi, mon bon, reprend l'abbé, tu n'es pas du Havre ; en m'appelant « jésuite » tu veux me dire une injure et personne ne m'en dit ici.

Un groupe s'était formé.

— Ça, c'est vrai, exclament plusieurs gavroches irrités. T'es qu'un propre-à-rien, toi, d'engueu...LER l'abbé Herval.

« — Mais, mes enfants, reprend le digne prêtre, connaissez-vous les grenadiers de la garde ? Oui, n'est-ce pas ? Or, oseriez vous dire que les grenadiers ne sont point des soldats ?

« Plus instruits, plus savants, les jésuites prêchent la même doctrine que moi. Je suis simple soldat de l'armée de Jesus-Christ, tandis qu'ils sont, eux, les grenadiers de la garde de cette même armée. Voilà toute la différence.

Bravo ! bravo ! Monsieur Herval, crie tout le groupe.

Et je vous laisse à penser qui fut sot.

Du reste, l'abbé Herval avait un talent particulier pour improviser des morales en trois mots, et ses sermons du bout des bornes n'ont pas été moins fructueux que ses prédications de l'église.

Autre aventure :

En revenant de visiter un malade, par une soirée glaciale de janvier. notre infatigable ouvrier de l'évangile reçoit un violent coup de poing sur son chapeau. Sans proférer une parole, il s'arrête et de son mieux retape son pauvre couvre-chef avarié. — Pendant ce temps, un témoin oculaire de cette insulte administrait deux solides soufflets à l'agresseur.

— Que t'a donc fait ce prêtre et pourquoi l'attaques-tu ?

— C'est un calotin.

— Eh bien, toi, mon bon, ajoute le défenseur improvisé du Père Herval, sois un calotté.

En vain, l'abbé s'interpose. Les deux soufflets sont déjà parvenus à leur adresse.

Dix ans après, l'abbé dînait chez un de nos premiers négociants du Havre.

« — Sans votre chapeau bosselé, lui disait le maître de la maison, je ne serais pourtant pas devenu votre ami, et si je n'avais pas alors fait votre connaissance, je ne serais peut-être point redevenu un chrétien pratiquant. »

Mais le Père Herval ne s'était pas contenté de ramener à Dieu son défenseur. Il avait également converti son insulteur. Ce dernier, bourrelé de remords, vint se jeter à ses pieds et se releva excusé par l'homme et absout par le prêtre.

Seulement, au dîner dont je vous parle, par esprit de réserve et d'humilité, le saint apôtre du Havre ne raconta pas la conversion de son insulteur.

En somme, deux conversions pour un chapeau défoncé.

A ce compte-là, l'abbé Herval eût bien voulu, tous les jours, recevoir d'aussi féconds renfoncements sur son tricorne.

Et son chapitre des chapeaux aurait valu celui de Molière.

Un écrivain français, grand par son génie et qui, par malheur, prostitue indignement les belles et nobles facultés qu'il avait reçues du Ciel en présent, un auteur français, dis-je, a raconté dans un livre abominable l'histoire inepte d'un évêque ultra-débonnaire. Cet évêque inventé, aussi faux d'esprit que d'allure, couche la porte ouverte, sachant que des voleurs viennent prendre ses chandeliers d'argent.

Le Père Herval n'avait pas cette pitié pour le vice qui, selon le mot connu, serait un outrage à la vertu.

Mais, sans provoquer les méchants comme l'évêque ridicule de Victor Hugo, il les terrassait parfois à force de bonté.

On m'a rapporté que, dans l'église Notre-Dame, l'abbé Herval fut un jour victime de l'habileté d'un Mandrin très exercé, lequel lui déroba une certaine somme d'argent. Un employé vit le tour. Il avertit l'abbé. On empoigne le voleur. La somme est restituée. Tiens, prends-la, fait le Père Herval, et ne recommence jamais.

Les anecdotes sur notre incomparable concitoyen courent les rues ; mais, Messieurs, toutes celles que je raconte sont authentiques. Je les dois à l'obligeance de M. Lecop, instituteur, qui, pendant vingt-cinq ans, a vécu dans l'intimité de M. Herval. J'en dois aussi plusieurs à M. Costey membre du Comité de vos œuvres.

Le côté saillant du caractère de l'abbé Herval, c'était son égalité d'humeur.

Dans tous les éloges des grands hommes de l'Antiquité païenne, on trouve la preuve de l'estime particulière que les philosophes attachaient à l'égalité d'humeur.

Mais cette égalité, pour se la procurer, les sages d'avant le Christ, se gardaient bien, à l'instar de notre héros, de considérer la pratique de la Charité corporelle comme absolument nécessaire.

Ils étaient d'humeur égale, *æquo animo*, parce que, systématiquement, ils détournaient la vue de tout spectacle qui eût pu les attrister. Les pauvres, ils n'y songeaient pas. Par son contact affreux, la misère aurait gâté les égoïstes joies de leur sensualisme.

« La pauvreté, dit Mgr Dupanloup, était une honte, plus qu'une honte, un vice, pour les moralistes païens.

Autre chose donc est l'égalité d'humeur de l'abbé Herval donnant toute sa vie aux déshérités de ce monde et l'équilibre moral des anciens, lesquels, pour ne troubler point leur digestion, fermaient les yeux sur toutes les plaies béantes de leurs semblables.

Athènes et Rome nous ont légué des académies et des musées ; jamais un hôpital.

Laissez-moi citer encore Mgr Dupanloup.

« Le christianisme, disait-il, il y a deux ans, à l'Assemblée nationale, le christianisme seul a fondé le capital de la Charité sur la terre. »

Je continue à peindre mon héros avec des anecdotes.

Comme on demandait une fois à l'abbé Herval pourquoi il n'avait pas voulu accepter la cure de Maromme, son pays natal, il resta muet.

Il aurait pu répondre : « Que deviendraient les milliers d'âmes que je console au Havre. »

Mais sa modestie était à la hauteur de son mérite. Il se contenta d'une spirituelle échappatoire.

— Vous êtes pourtant, lui disait-on, du bois dont on fait les curés.

— Eh bien, fit-il, je ne veux pas être un curé de bois !

On rit et son humilité se tira ainsi d'affaire par une calembredaine.

Très gai et très calme malgré la vivacité de son esprit, l'abbé Herval tenait de sa mère sa profonde douceur. Son père, sous-directeur de la Salpétrière, était d'humeur enjouée. On le voit, l'influence maternelle corrigeait l'expansion joviale qu'il devait à son père.

Sa gaîté procédait autant de sa bonhomie que du tour comique de son esprit.

Oui, la bonhomie, voilà la résultante de ses heureuses qualités et, en même temps, le germe initial de ses vertus.

M. l'abbé Leduc, ancien vicaire de Notre-Dame, saisit admirablement cet angle dominant du caractère de notre glorieux sujet. Dans un éloge funèbre, prononcé, au prône, le 25 août 1872, M. Leduc s'exprime ainsi ;

« Gardons-nous de croire que la bonhomie intelligente
» et fine du Père Herval, avec ses allures familiales, fut
» seulement chez lui un simple don de la nature. C'était
» plus que cela ; c'était l'expression particulière d'une
» grande foi et le reflet d'une belle conscience, et sa
» bonhomie avait de vraiment remarquable qu'elle était à
» la fois une source de bonheur pour lui et de félicité
» pour les autres. »

En dix lignes, M. l'abbé Leduc a tracé, de main de maître, le portrait du Père Herval et j'ose à peine continuer à tenir le pinceau après lui.

Comme joyau à sa couronne, notre saint prêtre unissait la plus profonde humilité à son attractive bonhomie.

Un dimanche on l'invite à dîner à Graville. Le repas est fixé à cinq heures. L'heure dite se passe. Point de Père Herval. Le rôt brûle Les convives perdent patience. Six heures sonnent. Personne encore. Comme sœur Anne, les invités, à tour de rôle, interrogent la plaine *qui poudroie* et ne voient rien venir.

Enfin, sur la pointe de huit heures, clopin, clopant, le Père Herval arrive essoufflé.

— Qui vous a retenu ?

— Un impérieux personnage, dit-il, mon Ministère.

— Votre Ministère, votre Ministère, mais il y a long-temps que le bedeau dîne, et vous, là, vous n'avez que votre déjeuner du matin, peut-être, dans l'estomac.

— Eh bien, vous êtes trop curieux ; j'ai été retenu, j'ai été retenu par... les gendarmes !

Sur ce, immense éclat de rire et le dîner suit son cours joyeux. Qui eût pu croire que, effectivement, le digne homme avait été retenu par les gendarmes? C'était pourtant la vérité ; vous allez voir comment il avait eu maille à partir avec la justice.

A sa sortie de l'église, un gendarme de la brigade de Paris s'était jeté à ses genoux. — Mon Père, on m'a dit que vous étiez d'une obligeance extrême. Je suis dans un bien mauvais cas. J'ai déserté et vendu mon fourniment. Un coup de tête, que voulez-vous. Or, vous connaissez tout le monde au Havre ; on ne sait rien vous refuser. Ne pourriez-vous pas quelque chose en ma faveur ?

Et l'abbé Herval, au lieu d'aller dîner, avait plaidé la cause du pauvre gendarme, près de M. le capitaine de gendarmerie du Havre, avec toutes les circonstances atténuantes que lui avait suggérées son inspiration chré-tienne.

Et voilà comme quoi le Père Herval avait été retenu par les gendarmes.

On ne sut que plus tard le mot vrai de l'histoire,

l'humilité de l'abbé s'était tue ; mais la reconnaissance du gendarme absout avait parlé.

Encore un trait magnifique.

L'abbé Herval, en compagnie d'un de ses amis du Havre visitait Paris.

Un inconnu l'aborde.

— Ah ! Monsieur Herval, que je suis heureux de vous rencontrer. Venez dîner à la maison. Ma femme et mes enfants en seront ravis. Nous n'avons pas oublié les 400 francs.

— Chut, chut, dit l'abbé.

— Les 400 francs que vous nous avez procurés. C'était la ruine qui arrivait. Nous ne pouvions faire face à une traite...

— C'est bon, et les mioches comment vont-ils ?

— Ah ! Monsieur l'abbé, vous voulez m'empêcher de parler. Je ne le puis. Jamais je ne vous ai donné aucun gage de ma reconnaissance, sauf cette poularde du Mans.

— Quelle poularde ? demande l'ami de l'abbé.

— Eh bien, répond celui-ci, la poularde que nous mangeons, tous les ans à Pâques ; c'est monsieur qui, pour un léger service, veut bien me l'envoyer.

Jusqu'en 1871, le bon père mangea sa poularde du Mans. Si tous ceux qu'il a obligés lui avaient offert pareil présent, il eut pu, je crois, s'établir rôtisseur à peu de frais.

Il y avait un point, pourtant, où l'humilité du Père Herval faiblissait. Lorsqu'il s'agissait de la France et de nos gloires nationales, il voulait toujours avoir le dessus.

En se promenant aux Invalides, un jour il se fait cicerone. Il décrit les batailles dont les trophées ornent les murs de l'Hôtel. Deux Anglais lui demandent la permission de l'écouter. Il accepte, et de toute la chaleur de son patriotisme établit la supériorité de la France sur l'Angleterre. Les deux insulaires, qui, avant tout, cherchent des faits et sont heureux de rencontrer un homme aussi instruit sur l'histoire de son pays, les deux fils d'Albion, dis-je, le remercient et se retirent.

Le soir, il les rencontre au restaurant. Les deux Anglais s'approchent de lui au moment où il va payer la carte.

— A nous la revanche, Monsieur l'abbé, sur ce terrain-là, nous ne serons plus battus. Nous paierons votre dîner. Vous nous avez vanté la générosité de la France et nous tenons à vous donner un témoignage de la libéralité de l'Angleterre !

— Autant de gagné pour mes pauvres, dût se dire le Père Herval et il accepta, buvant fraternellement, cette fois, à l'amicale union des deux pays rivaux.

L'humilité de l'abbé Herval est d'autant plus méritoire que, par la nature même des services qu'il rendait et la façon dont il avait compris tous les apostolats de la Charité, il était sans cesse exposé à recevoir, de toutes parts, les plus chaleureux témoignages, publics ou privés, de gratitude, de la part de ses concitoyens.

Le Père Herval fut le banquier des riches qui, par son entremise, voulaient placer à gros intérêts des fonds sur l'Eternité. On était heureux de lui apporter de l'or, afin que, par sa main bienfaisante, les pauvres fussent secourus. Une bonne action faite par lui paraissait deux fois bonne.

D'un autre côté, toutes les détresses, s'adressaient à lui, faisaient appel à sa charité. Il servait de trait-d'union à la Richesse et à l'Indigence et toutes deux l'adoraient ! La Richesse était honorée de le prendre comme ministre de ses largesses, et la Pauvreté n'éprouvait jamais aucune colère à accepter le bienfait de sa main bénie !...

Mais sa charité ne comprenait pas seulement les œuvres corporelles. Il cherchait surtout l'amélioration des âmes ; son hôpital spirituel, c'était son confessionnal.

L'abbé Herval comptait ses pénitents par centaines. Comme Cyrus retenant les noms de ses soldats, il connaissait nommément toutes les personnes qui s'adressaient à lui. Lorsqu'un pénitent lui manquait, ce bon pasteur allait à sa brebis. Il la cherchait jusqu'à ce qu'il l'eût retrouvée ; au besoin, il faisait visite sur visite au foyard de son régiment chrétien. Il fallait que le déserteur revînt sous ses drapeaux.

A tout instant, on le faisait appeler près des malades. Il lui est arrivé de sortir quatre à cinq fois dans une même nuit. On réclamait son ministère en dehors du Havre, à six ou sept lieues à la ronde. C'est surtout pendant les épidémies cholériques que son zèle surhumain parut dans tout son éclat, notamment en 1849.

Un moribond de Paris qui avait refusé tout secours

religieux manifesta le désir de voir le Père Herval qu'il avait connu au Havre. Après avoir reçu les autorisations nécessaires de Mgr l'archevêque de Paris, le brave abbé se rendit près du malade et triompha de toutes ses résistances.

Si tous les bons anges de ceux qu'il a consolés au lit de mort se sont penchés vers lui, à l'heure suprême, il est entré au paradis avec une garde d'honneur innombrable.

Malgré ses énormes fatigues, le Père Herval s'astreignait rigoureusement au jeûne et aux mortifications.

A ce propos, Messieurs, j'entre dans la cuisine du bon abbé. Son ordinaire était simple. Vivant en famille, avec son excellente mère d'abord, puis avec les enfants de feu son frère qu'il avait adoptés, plus d'une fois il dût s'imposer de grandes privations. Les charges dont il était accablé l'y contraignirent. Son repas de midi se composait souvent d'un petit pain, d'une tasse de café au lait et d'un morceau de lard ou d'un hareng au gril.

Or, après avoir absorbé une aussi maigre pitance, s'il arrivait au brave Père Herval d'être invité à prendre par hasard un verre de vin dans une des nombreuses familles où il était reçu, le verre de vin lui donnait vite des couleurs. Ceux qui le rencontraient ne manquaient pas de dire, même sans penser à mal, que « Papa Herval avait bien déjeuné. »

La vérité, Messieurs, c'est que papa Herval avait fait ripaille avec trois sous de petit salé ou avec une saucisse plus ou moins veuve de pommes de terre.

En 1830, Mme Herval mère, fut atteinte d'une maladie noire. Poursuivie par les souvenirs de 93, elle se figurait qu'on allait attenter à la vie de son fils.

Que de fois, ne trouvant rien de prêt au logis, le pauvre abbé, après ses longues courses, dévo a son pain sec avec ses larmes dans la sacristie de Notre-Dame.

Le buffet étant vide, un soir, l'abbé descend chez un charcutier de la rue Saint-Jacques

Il demande deux saucisses.

— Mais, Monsieur Herval ! vous oubliez donc que c'est vendredi, fait le marchand ahuri de trouver une soutane égarée, à pareil jour, parmi ses cervelas.

— Ah ! mon Dieu, pardonnez-moi, je ne sais plus où j'ai la tête, répond le pauvre abbé. Et de courir chez l'épicier voisin pour souper avec deux sous de fromage.

Toutes ces épreuves n'altèrent point sa riante humeur. Sa bonhomie est invulnérable.

Vivant parmi les plaies et bosses, physiques et morales, de la triste humanité, l'invincible espérance du chrétien ranime sans cesse son courage. Son cœur était trop plein d'amour pour qu'il eût jamais froid auprès des malheureux. Et lorsqu'il n'avait plus rien à donner de sa bourse, il ouvrait ce cœur qui ne se vidait jamais !

A ses moments perdus, l'abbé Herval s'occupait de science et de littérature. Bibliothécaire de la Société d'Etudes Diverses, il a publié plusieurs mémoires dans les volumes de cette compagnie littéraire. Notre Musée lui doit de fort belles collections de monnaies et de médailles.

Son style était comme sa personne, simple et rond.

Il avait un goût prononcé pour la musique.

Avant d'entrer au séminaire, l'abbé Herval a goûté de la vie de caserne. Engagé comme fifre dans la 33e demi-brigade, il y resta trois ans. L'amour de l'art musical lui vint de là. Il apprit la flûte et, sans être un Taffanël, il tenait convenablement sa partie d'orchestre.

Mais je ne m'attarderai point à parler des connaissances scientifiques, littéraire et artistiques du Père Herval.

Sa plus belle science, Messieurs, celle qui ne lui sera jamais contestée et qui, espérons-le, lui vaut un « fauteuil à l'Académie du Ciel », ce fut sa Charité !

Louis François-Noël Herval est né à Rouen, le 1er janvier 1800.

Le chef-lieu de notre département, nous fit, n'est-ce pas, un splendide cadeau de bonne année ce jour-là ! Le XIXe siècle a bien commencé pour nous.

Le nouveau-né rouennais du 1er janvier 1800 ne devait-il pas être un jour notre Saint-Vincent-de Paul local !

L'abbé Herval est mort, le 17 août 1872, à six heures du soir. Laissons ses paupières se fermer humblement.

Le Havre compte un grand citoyen de moins, et le Ciel ; une âme radieuse de plus.. . ,. . . . . , .
. . . . , ...

Le 20 août, tout le Havre conduisait le Père Herval à sa dernière demeure terrestre.

Vous étiez du cortége, Messieurs, car il fut constaté que

400 ouvriers avaient librement perdu une demi-journée de travail pour assister à cette douloureuse solennité.

MESSIEURS,

Un de nos premiers poëtes français semble avoir spécialement visé l'abbé Herval, lorsqu'il trace cet admirable portrait du prêtre bon pasteur :

Un bréviaire à la main, je vais de porte en porte
Au hasard et sans but, comme le pied me porte
M'arrêtant plus ou moins, un pied sur chaque seuil,
A la femme, anx enfants disant un mot d'accueil.
Partout portant un peu de baume à la souffrance,
Aux corps quelque remède, aux âmes l'espérance,
Un secret aux malades, aux partants un adieu,
Un sourire à chacun, à tous un mot de Dieu !

Oui, Messieurs, de Lamartine avait connu le Père Herval. Son génie l'avait pressenti et son cœur l'avait deviné. Le Père Herval, c'est le bon curé de campagne de notre grand poëte fait citadin.

A notre immortel poëte national donc, tout l'honneur de son portrait !

Edouard ALEXANDRE.

HAVRE, Mars 1876.

PUBLICATIONS

DU MÊME AUTEUR :

Les Élections de l'Empire bleu
(*Epuisé*)

REVUE FANTAISISTE DE 1866
(*Epuisé*)

LE COUP DE POING PHILOSOPHIQUE

1874 A VOL DE PLUME

JEAN RAISIN DE SAINTONGE

Trois Héros Havrais
La Légende de Durécu
(*Epuisé*)

EN PRÉPARATION :
Le Docteur COUSTURE

Havre. — Imp. A. Mignot, rue de l'Hôpital, 16.

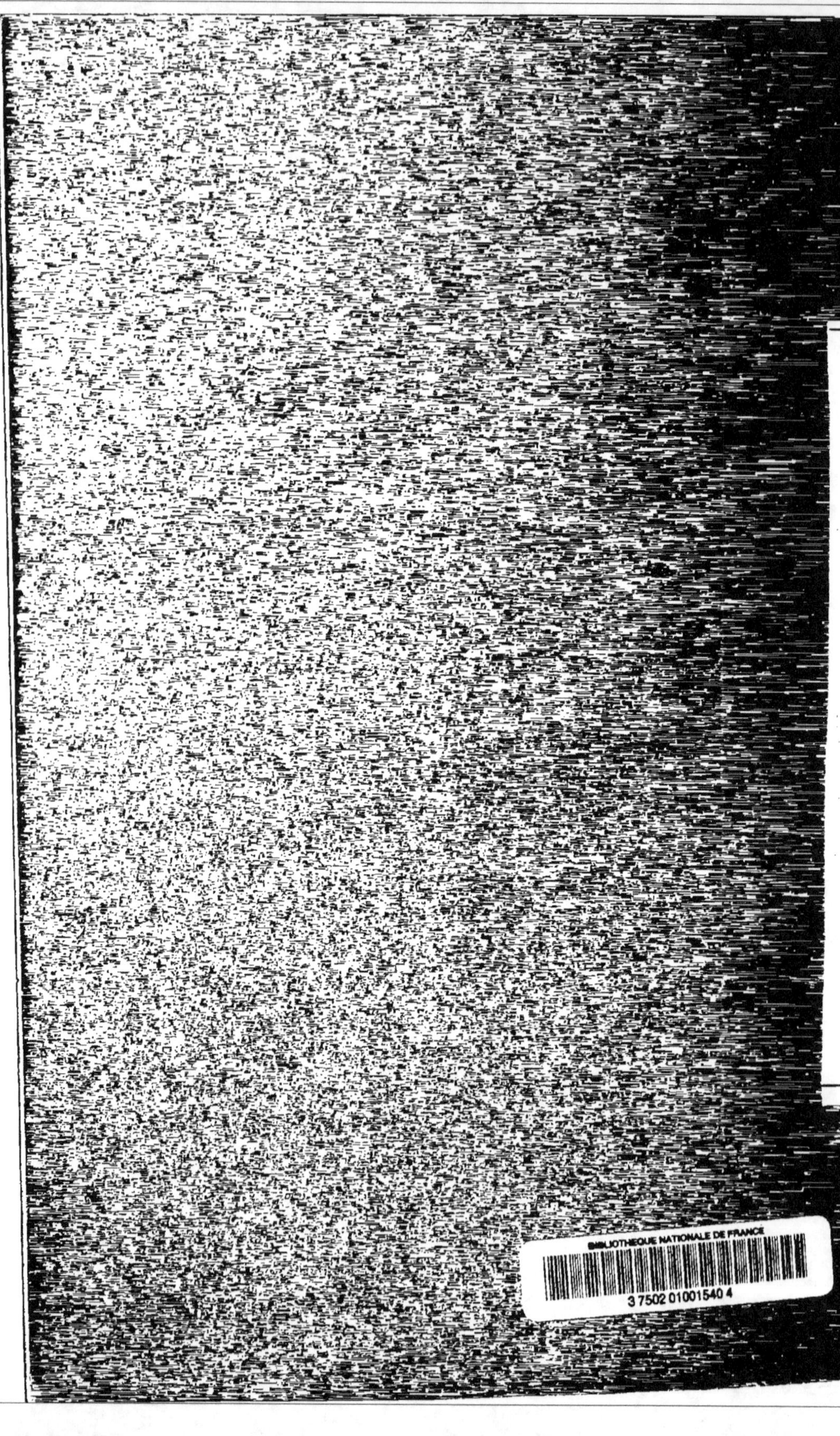